D'har Services

EDITORIAL VIRTUAL DE LITERATURA

Primer Concurso Latinoamericano Virtual de Poesía D'Author Club 2011

Poesía Ganadora Primer Lugar

Quisiera, ¡Oh, Madre Naturaleza!

Miriam Arencibia de Sarmiento

Autor

Vivencias en Cuento y Verso

Miriam Arencibia de Sarmiento

Publicado por
D'Har Services
P.O. Box 290
Yelm, Wa 98597
www.dharservices.com
info@dharservices.com
webmaster@dharservices.com
dharservices@gmail.com

Derechos de autor
© 2013 Miriam Arencibia de Sarmiento

Carátula© Xiomara García

ISBN-13:978-1-939948-00-7

Dedicatoria

Dedico esta obra a Jesús, mi Señor y amigo inseparable, a mis queridos padres, que cubiertos con su amada bandera de la estrella solitaria, descansan en tierra amiga y que esperan, como las novias pacientes desde donde estén, poder disfrutar de nuevo ver su patria libre, independiente y soberana. A mi familia, que ha sido y será el impulso motivador de mi existencia. Con ellos y por ellos he llorado y reído, llenando mi vida de orgullo y de color.

Por último, dedico este libro a la bella Isla de Cuba, la cual siempre, aunque lejos, tendrá un lugar muy especial en mi corazón.

Índice

Prólogo

La autora, Sra. Miriam Arencibia de Sarmiento, nos ofrece una selección simbólica de treinta y tres trabajos, los cuales ponen de manifiesto el horror y la oscuridad irracional que trae consigo el comunismo cuando llega como plaga, extendiendo sus tentáculos en un país. Ella, como tantos jóvenes cristianos, sufrió en carne propia la desgarradora realidad que sucedió el tumulto de diabólicas mentiras, expandidas a granel en el jardín de las multitudes, por aquellos que habían planificado robarles la mente y aprisionar su alma.

La Sra. Sarmiento comparte a través de sus trabajos, episodios emocionantes de su vida, antes y después de la llegada del comunismo a su patria. Describe eventos tales como su encuentro con El Sagrado Corazón de Jesús a una tierna edad, el nacimiento de su único hermano, la muerte de un buen amigo y compañero a manos de los agentes del régimen brutal y dictatorial que impera en la nación y la difícil decisión de abandonar el país, sufriendo antes, grandes humillaciones.

Las historias que abraza con vehemencia, enmarcan episodios donde navega en la profundidad de su alma. Hechos que acontecieron en los instantes más susceptibles de su existencia y que ponen de manifiesto la pena de la separación y

* * *

la injusticia, así como también la belleza de la vida y la voluntad del Señor.

La autora nos confiesa que la literatura siempre la ha llevado en la sangre, engavetando en los rincones de su alma su amor por la poesía, hasta tiempos más consumados y tranquilos de su vida. Su pasión por las letras, el sufrimiento por su patria esclavizada, su fe inquebrantable y el amor por su familia y la libertad, son palpables en cada trabajo.

Veo con satisfacción que la Sra. Miriam Arencibia de Sarmiento, ha confeccionado las páginas de este libro con la responsabilidad de quien quiere dejar un legado verídico de información al mundo, para así alertar a las futuras generaciones del peligro inminente que corren, y de la escala de sufrimientos que siguen cuando se pierde dicha libertad. En resumen, este trabajo es un cúmulo de experiencias que, tiene como objetivo principal informar a los que se nutran de su lectura.

Me fue requerida la presentación de su contenido, lo que hacemos con sumo beneplácito.

Miami, FL. USA

Dr. Enrique Ros
Escritor e Historiador

Introducción

Recorramos hermanos caminantes del Mundo, la vereda de un sendero que pudiera ser el de cualquiera de vosotros; y llenemos los espacios con una fe inquebrantable en Jesús, faro que ilumina los meandros navegables en los que se deslizan nuestras naves.

Con la tibieza de la realidad y el decorado de la inventiva, he perlado esta obra para ti, amigo lector. Sé que te llevaré por lugares tristes en ocasiones, no siendo mi intención entristecerte, sino informarte, pero en otras, la dulzura te embriagará, con un final grandioso, que rinde honor y tributo a la magistral y suprema obra de Dios: "La Madre Naturaleza".

Estas son, Vivencias en Cuento y Verso.

La autora.

Ref: Aparición Divina

Quiero iniciar mi libro con esta vivencia, ya que marcó mi vida desde pequeña y fortaleció mi espíritu para poder lidiar y salir airosa de todas las situaciones difíciles que se han presentado en mi existencia. Sé que El Señor seguirá llevándome de la mano y enjugando en su bondadosa sonrisa aquellas lágrimas que queden por correr en el curso del riachuelo de mi vida.

Aparición divina

Era una noche llena de estrellas. Un remanso de frescura después del caluroso día de verano. La familia reunida en la terraza que circundaba la antigua casona, disfrutaba el prodigioso regalo de la naturaleza. Las flores que por doquier la abuela había plantado con esmero, regaban su perfume, seduciendo a todos. El patriarca del grupo, mi adorado abuelo, compartía anécdotas e historias de pasadas epopeyas.

Yo tenía tan solo cuatro años, pero desde que inicié mis primeros pasos en la vida me aficioné a leer con el abuelo, tanto, que incursionaba en su biblioteca cuando todos dormían, para así saciar mi ansiedad por saber y enterarme de todo lo que acontecía a través de los periódicos que cuidadosamente ordenados encontraba en su escritorio. Esta noche era una más de mis incursiones al templo de los libros. Me detuve en el umbral de la puerta para escuchar la interesante conversación de mis mayores, los cuales, acomodados en sus respectivos sillones saboreaban una aromosa taza de café.

Nadie se percató de mi presencia, porque de lo contrario me hubieran mandado de regreso directo a la cama…

¡De pronto! Sentí que una dulce sensación me embargaba. El cielo se convirtió en un cristal en el cual se proyectó una imagen nítida y hermosa, la cual no me imaginé ni sabía en mi inocente y corta edad, que era el Sagrado Corazón de Jesús. Me miró con sus dulces ojos. Fue un momento profundo, sólo entre Él y yo… Extasiada en su contemplación no pude moverme por un buen rato.

Mi madre, mujer de fe arraigada, me hablaba de Papá Dios como Supremo Creador del mundo y del hombre. Me explicó que Él nos amaba y que dio a su hijo único por nuestra salvación. Siendo una niña tan pequeña, el alcance de mi razonamiento tenía un nivel muy limitado…

Lentamente, fui reaccionando. Me vi hincada de rodillas en el duro suelo, junté mis pequeñas manos y lágrimas afloraron, corriendo por mis mejillas. Un calor intenso me invadió, que sólo fue superado muchos años después cuando recibí de adulta la confirmación de mi fe, ya estando fuera de mi patria.

¿Quién eres tú? Me oí decir en voz que no era más que un susurro. No obtuve una respuesta que pudiese oírse, pero mi infantil intuición me decía que tenía delante de mí un gran amigo, uno que influiría mucho en mi vida. Poco a poco aquella bella imagen desapareció en un firmamento cuajado de luz. Yo seguí allí, quietecita. Tratando de entender…

Aquella experiencia alteró el compás de mi existencia, porque alcancé una sabiduría muy adelantada a mis años, convirtiéndome en una niña-mujer, y me sentía enriquecida por la vitalidad que sólo da la fe. Yo a veces me preguntaba: ¿Por qué había sido escogida? La respuesta llegó tiempo después, cuando una y otra vez fui probada por la vileza de la maldad humana, respondiendo siempre a dichas pruebas con la calma de una verdadera cristiana.

Lo demás es historia. Sé que siempre he sido orientada y guiada en mis pasos en esta maravillosa experiencia material que disfruto, por mi gran amigo Jesús. Él, en su infinita sabiduría y bondad, trazó aquel día los caminos de mi vida, dándome madurez, entereza y tesón a una temprana edad, para vencer muchos obstáculos, y así poder extender mí mano amiga a aquellos que la han necesitado.

Hoy, en el ocaso de mi vida, sólo se repetir: ¡Gracias, Sagrado Corazón de Jesús! En ti confío…

Encuentro

Señor Dios,
Aquel jubiloso día
En que
Por divina intercesión
A tu hijo presentaste,
Aquella dulce niña
Deslumbraste.

En su inocencia
No entendió el desvelo
Que "El Padre" protector
Le prodigó del Cielo.

Mas, al pasar los años
En vorágine,
Luchó
En el arcoíris adverso
Que crea la maldad
Con la entereza divina
Que le ofreció tu bondad.

Esa hermosa visión,
Crecida en su memoria
Convirtíose en fe profunda
Y en espada oratoria
De la historia.
...

…
Su camino fue trazado
Aquel sencillo día
En que
Con sólo cuatro años
Dibujaste con fuego
Las líneas de su vida.

De ahí,
Enfrentó las cuitas
Con tesón y luz,
Poniéndolas siempre
En manos de tu Hijo:
"El Sagrado Corazón
De Jesús"

Esa voz...

Vivía en una hermosa burbuja en la que el tiempo era marcado por el compás cardiaco de dos almas. El calendario que colgaba de la blanca pared señalaba el 24 de octubre del año 1958. Hoy era un día de tantos en el que yo me despertaba feliz y sintiéndome pleno. Me consideraba muy afortunado porque pertenecía a una especie privilegiada a la que prodigaban techo y pan sin pedirle nada a cambio. Mi vida transcurría sin grandes tropiezos, sólo tenía que tener paciencia y esperar ese gran acontecimiento que la cambiaría por completo.

¡De pronto, sin aviso previo, sucedió! Como caudaloso río que corre desenfrenadamente siguiendo un curso trazado sentí que las aguas de mi burbuja del tiempo se perdían, presentándome la disyuntiva de tener que abandonar mi cómodo lugar de descanso. Habían sido ocho largos meses de espera en los que mi único testigo fue la Madre Naturaleza. Ahora a sólo horas, quizá minutos de mi partida, sentía miedo. Miedo a lo desconocido...

¡Oí voces, sentí movimientos extraños, y de pronto se abrió una compuerta! Unas manos enguantadas se extendían hacia mí. Vi con terror que cada vez estaban más cerca... Deduje que sus portadores eran bandidos, porque se cubrían el rostro con una pequeña máscara. Persistentes en su

• • •

18

empeño, lograron arrancarme del que hasta hoy había sido mi hogar.

Pude darme cuenta de la naturaleza cruel de aquellos individuos, ya que uno de ellos, sin yo haberle creado molestia alguna, me propinó una cachetada en una parte muy tierna de mi anatomía haciéndome chillar de dolor. En ese momento pasó por mi mente la voz. Una dulce voz de mujer que me había acompañado en todos estos meses, y sentí una imperiosa necesidad de conocerla... Pero déjame explicarte apreciado lector porqué esta voz sin rostro se había convertido en algo tan importante en mi vida, al punto de suspirar por su presencia en momentos de peligro.

Desde la comodidad de mi cama, tenía acceso a todos los ruidos gratos y no tan gratos que provenían del otro lado de la pared, escuchando las conversaciones de las personas que circundaban a mi alrededor. Así tuve conocimiento de la historia de una mujer en particular que me interesó desde el principio, se llamaba Georgina. Era sencilla, noble y portadora de un corazón hermoso. También me enteré que era una gran hija y esposa, lo que la colocaba en un sitio muy especial ante mis ojos. Georgina tenía una niña, y su vida giraba alrededor de la misma, cultivándola como delicada flor. Pero esta señora no era feliz. Su mayor aspiración era lograr tener un hijo varón; sentimiento que la llevaba a sacrificarlo todo por ir en pos de su sueño.

No piensen que soy demasiado curioso, pero cada día, al despertarme, lo hacía con la ilusión de enterarme un poco más de su vida. Ayer supe que ella había logrado tener ese bebé que tanto anhelaba

• • •

dos años atrás, pero por falta de responsabilidad y de interés del galeno que siguió su caso durante el período de gestación, la sometieron a un horrible sufrimiento que duró 24 largas horas sin practicarle un cesárea, provocando así la muerte por asfixia de su hijito. Me doy cuenta por sus palabras que no ha podido recuperarse totalmente de esa pérdida, pero al mismo tiempo la oigo orar fervorosamente dando gracias Al Señor porque una nueva y maravillosa esperanza ha surgido en su vida. La creación de un nuevo ser late en sus entrañas y ella ruega porque se le conceda el milagro de traerlo al Mundo, para así poder amarlo, protegerlo y disfrutarlo...

¡Aprendí oyéndola, a admirarla, y poco a poco sin darme cuenta, comencé a amarla! Georgina no podía moverse de la cama, porque el más leve movimiento le propiciaría el horrible desenlace de perder la criatura que nuevamente y con tanto amor, habían concebido ella y su esposo Alberto. Tejía afanosamente y preparaba las ropitas de su futuro vástago «porque estaba convencía de que traía otro varón» con tanta dulzura e ilusión que francamente yo me sentía conmovido. Lo que había comenzado sólo por satisfacer una sana curiosidad y entretener mi larga y tediosa espera, se había convertido en algo muy importante para mí, ya que no concebía que pasara un día sin escuchar su dulce voz a través de la pared.

Hoy, 24 de octubre, después de acariñar mis sonrojados y adoloridos cachetes la escuché nuevamente: ¡Es un varoncito doctor! ¡Jesús atendió mis súplicas! Está sanito y es fuerte y robusto como su padre. Me contaba afanosa los dedos de las manos y de los pies. Me revisaba la cabeza, las orejas, y bueno, todo…

Los médicos nunca lloran. Ellos tienen que protegerse del dolor diario al que se exponen, pero en esta ocasión, este nuevo doctor había sido testigo del calvario de esta mujer, y los sentimientos del ser humano debajo de la bata blanca afloraron a la superficie, y dos lágrimas de emoción corrieron por sus mejillas. "Gracias, doctor Mariano, que Dios le colme de bendiciones, repetía aquella mujer una y otra vez.

Abrí mis ojos lentamente, y como en cristalina agua de un límpido río, me vi reflejado en un par de ojos grandes y maravillosos de color ámbar. ¡Al fin me enfrentaba a la portadora de aquella voz que me acompañó durante tanto tiempo, mientras que El Gran Arquitecto terminaba, con un mes de anticipación, la obra suprema de la vida! "Ella, Georgina, era mi madre."

Decidí dedicarle uno de mis mejores y recién estrenados berridos, pero no pude, porque los mismos se iban tornando en sollozos quedos y mimosos como melódica sinfonía de amor, y utilizándolos como medio de presentación, le dije: —Hola mami. — ¡Yo soy tu hijo Albertico!

Me sentí colmado de besos y arropado con una ternura infinita… ¡Entonces me di cuenta que había acabado de nacer y que había llegado a un mundo maravilloso donde el amor y los cuidados de esta santa mujer me colmarían de dicha! Era un chico afortunado, pensé: La espera había valido la pena.

● ● ●

El hijo de mi sueño

Hoy a nacido un niñito
Que abrazó don Rafael
Todo él es muy bonito
¡Albertico, tú eres él!

Fuiste alegría de tu madre
Porque siempre te soñó
Y donde ella se encuentre
Te dará su bendición.

Yo presencié la dulzura
Y la infinita emoción
Que sintieron esos brazos
Al cargar ese varón

¡Ocho meses de una lucha
De una mujer junto a Dios
Con el sublime deseo
De arrullar un corazón!

Tras la maldad despiadada
De alejarte en un avión
Sus brazos quedaron vacíos
Inertes, sin ilusión.
Ella quedó sin aliento
Como muñeca sin voz.

...

...

Más, un 24 de diciembre
Jesús, al nacer le regaló
¡Volver a ver a su hijo
Y de besos lo colmó!

Lo llegó a ver hecho hombre.
Fuerte como un roble.
Honesto y cristiano;
Y la mujer de ojos ámbar
Con orgullo sonrío.

Después todo es historia
De nuevo,
La maldad la entristeció.

Hoy está junto a tu padre
Dándote su protección
Sonriendo en tu cumpleaños,
Cantándote con amor
¡Y ya no hay infamia maligna
Que le rompa el corazón!

Hermano,
Te amo.

Procesión

Era una preciosa mañana del mes de septiembre. Los jóvenes de diferentes grupos nos preparábamos jubilosos para sacar a las calles a nuestra Señora de La Caridad del Cobre. Los padrecitos corrían de un lado a otro, dando los últimos toques a lo que sería un acontecimiento de fe y amor. Sin previo aviso, entraron a la sacristía hombres uniformados y le comunicaron al padre Carrillo ¡que el gobierno había decidido cancelar el permiso para que se llevara a cabo la esperada procesión! Se oyó un murmullo de protestas y la firme decisión de continuar con los planes de salir. ¡Y así lo hicimos! Cargados de nuestra fe, sacamos la virgen al frente de la iglesia y afuera la policía nos esperaba…

Se inició un fuerte enfrentamiento, primero de palabras y gritos, después nos comenzaron a agredir físicamente. ¡De pronto, se oyeron varios disparos y vi caer a mis pies a un compañero de luchas, Juan José García! Su sangre tiñó mis zapatos y mis ropas de rojo. Sus últimas palabras: ¡Viva Cristo Rey!

¡Fue horrible! Les grité —¡asesinos! — hasta quedarme sin voz…

Se sintieron de nuevo disparos, y unas manos fuertes y poderosas me alejaron de allí. —Miriam, vamos, que nos van a matar. Aquí no hay más nada que hacer. ¡Él está muerto!— Oí que mis compañeros me gritaban para hacerme reaccionar…

Continúa…

No, perdóname tú a mí

¡Me encontraba aturdida y horrorizada! Corrí sin rumbo hasta que tropecé con un grifo de agua en el césped que bordeaba el Capitolio de La Habana. Me levanté con dificultad, ya que tenía una rodilla lastimada por la caída, y al hacerlo, me enfrenté a la majestuosidad del edificio. Miré con tristeza aquellas paredes blancas, dentro de las cuales se habían creado y discutido las leyes que habían enmarcado en lienzos de gloria a una entonces próspera nación. "Todo esto, antes de que el comunismo infernal tomara el poder a través de la calumnia y la mentira...

Caminé lentamente y tomé el primer autobús que me llevase a mi casa. Todos los pasajeros me miraron intrigados por mi presencia lamentable, pero nadie se atrevió a preguntarme nada.

Al acercarme a mi casa, oí conversación. ¡Magnífico!, pensé. Estoy empapada, llena de fango y sangre, una rodilla herida, y para colmo, no tengo casi voz. ¿Qué van a pensar los visitantes de mamá?

Abrí la puerta y ¡Oh, Dios! ¡Cual no sería mi sorpresa al encontrarme a uno de mis tíos paternos, el favorito de mi corazón, vestido de completo uniforme verde olivo, representativo de un régimen comunista, y un arma larga recostada a la pared, que era engalanada por una foto de mi padre con su honorable traje de militar al servicio del país en tiempos más felices!

¡Reviví todo el horror de lo que acababa de suceder! ¡Sentí que me asfixiaba y que las sienes me iban a estallar!

Me acerqué a él, y a modo de saludo, lo agarré por las solapas de la odiosa camisa, diciéndole con la poca voz que me quedaba: ¡Vete de aquí ahora mismo! ¡Fuera de nuestra casa! Desconcertado por mi actitud me preguntaba: —Mi sobrina ¿Qué te pasa? ¿Por qué tienes sangre en la ropa? ¿Por qué me tratas así?

Mi madre, que estaba acostumbrada a una joven respetuosa de sus mayores, me miraba aterrada, y solo atinó a decirle al tío: —Luis, vete, por favor. No sé lo que le ha sucedido a Miriam, pero algo muy grave tiene que ser para que ella se comporte así…

El tío se fue y yo me eché a llorar en los acogedores brazos de mi madre.

Han pasado diez años de ese horrible episodio. Me encuentro en el aeropuerto de Miami esperando al tío. Los pasajeros comenzaron a bajar las escalerillas del avión y de pronto lo vi. Esbelto como mi adorado padre, pero con el peso de la equivocación en la maleta del recuerdo.

Nos fundimos en un largo abrazo. —¡Perdóname, mi sobrina! — me dijo con los ojos llenos de lagrimas. —¡No, perdóname tú a mí!

Gracias, te las debía...

Finalizaba el curso escolar de 1958. Sonreí. Pronto me graduaría de contador... Eran exactamente las 12 de la noche. La campana de salida de la Escuela de Comercio de La Habana acababa de sonar, dejándole saber a todos que las clases habían concluido por esa noche. Yo salí del recinto apresuradamente para, como acostumbraba, coger el primer ómnibus de mi travesía diaria. Este me dejaría unas veinte cuadras más adelante, donde tomaría el segundo que me llevaría a la casa.

Me bajé en la esquina de Infanta y Carlos Tercero para esperar "la confronta", así se les llamaba a los últimos autobuses de la noche, y de pronto, sin un cordial aviso, se originó un impresionante tiroteo.

¡Estaba aterrada y sin saber que hacer! Me sentí empujada hacia el suelo, pero al mismo tiempo unos fuertes brazos me bajaron lentamente hasta llegar al mismo.

En la semioscuridad de aquél portal, me encontré con unos ojos verdes y penetrantes...

Unas enormes manos presionaban mi cabeza contra el sucio pavimento del lugar. No sé por qué, pero me sentí protegida por aquel extraño y me quedé tranquila, acurrucada junto a su cuerpo...

Al rato, se calmó aquel enfrentamiento horrendo que muy frecuentemente se suscitaba entre rebeldes comunistas que pugnaban por adquirir el poder y miembros de los encargados del orden público.

Nos levantamos y mi compañero de aventura me ayudó a recoger los libros que se encontraban dispersos en el piso. Oí su voz por primera y única vez. Me dijo con un tono ronco y poderoso: — Debemos apurarnos porque la fiesta puede comenzar de nuevo. — Lo miré y pude observar que llevaba un uniforme de militar.

Se veía a lo lejos el próximo ómnibus que yo tenía que tomar y él se adelantó para hacerle señas. Subí al vehículo y di mi transferencia al conductor. Cuando me volví para darle las gracias a mi protector, no había rastro de su presencia. ¡Había desaparecido!

Me quedé desconcertada y con el deseo de conocerlo y agradecerle su gesto.

Meses después, hojeando con mi padre un viejo álbum familiar, lo volví a ver. Un recorte de periódico decía al pie de la foto de un militar lleno de condecoraciones: El comandante Juan Arencibia acaba de fallecer a la edad de 71 años. Honorable militar e infatigable batallador anti-comunista. Descanse en paz. 1885-1956.

¿1956? ¡No podía ser! ¡Si yo lo vi dos meses atrás! ¡El tío abuelo! ¡Ese hombre que yo había admirado tanto y que sólo conocía a través de los elogios de mi padre, había regresado de ese lugar privilegiado donde descansan los valientes, a cumplir su última misión: ¡Salvarme la vida!

Tratando de controlar la emoción que me embargaba, atiné a decir: ¡Comandante, gracias, muchas gracias! ¡Te las debía!

* * *

A don Juan

Peregrino comandante
Ebrio de triunfos
Que regaste por doquier
Honestidad y logros.

¡Portentoso militar
De médula bravía
Fuiste ejemplo singular
Para la Patria mía!

Por todo ello expreso
Que respeto tu memoria
Sea hombre libre o preso,
¡En sublime complicidad
Con Cuba y con la historia!

Felo

Eran las seis de la mañana. Dentro de poco se disiparían las sombras de la bahía, y el esplendor de la ciudad de La Habana se ofrecería como joya exquisita al turismo indolente y bullicioso.

Había cruzado en una frágil chalana que desde el malecón transportaba a los familiares y visitantes de presos políticos que se encontraban confinados en la tristemente ahora famosa, cárcel de La Cabaña. Caminaba lentamente a través del tenebroso túnel, guiado por los guardias de la mazmorra. Mi corazón latía apresuradamente a cada paso presintiendo lo peor…

—Es aquí— me dijo aquel hombre con su voz agria e impersonal, introduciendo la llave en la pesada puerta. Entré, sintiendo que la humedad me calaba los huesos. Una total oscuridad nos rodeaba y un olor nauseabundo aprisionaba mis sentidos. De pronto, uno de los carceleros enciende la luz, revelándose ante mí, el espectáculo más dantesco que había visto en mi corta vida. «Tenía solamente dieciséis años» ¡Allí estaba mi padre! Su cuerpo inerte colgado de una sabana anudada desde el techo. Sus ojos dilatados y su boca con un rictus de agonía.

Sentí que las fuerzas me abandonaban y lágrimas de hombre corrieron rebeldes por mis mejillas.

• • •

—Tienes que ser fuerte, hijo,— me dijo el Tío Alberto que me acompañaba. Me abrazó fuerte. Fue un abrazo largo, profundo, como si a través del mismo quisiera darme toda la fortaleza que iba a necesitar...

La noche anterior, a mi padre le había dado un ataque de pánico en la casa y había gritado sin control en contra del régimen comunista que imperaba en el país. Se hizo una llamada al Centro de Emergencias, llegando la policía y una ambulancia al unísono. Se llevaron a papá supuestamente a dicho centro, aconsejándonos que fuésemos a verlo la próxima mañana para ver como seguía...

Papi, como cariñosamente yo le llamaba, era periodista y editaba un periódico del gobierno que acababa de ser derrotado. Sólo esto le valió para ser objeto de maltratos sicológicos, represiones y amenazas de parte de las hordas comunistas que tomaron el poder. Su sistema nervioso no pudo resistir tanta maldad y perdió la razón.

En un acto alevoso y preconcebido, no lo transportaron a ningún centro hospitalario, llevándolo directamente a la tenebrosa prisión de La Cabaña, donde le dejaron el vehículo para que se quitara la vida.

El dolor se apoderó de mí y una profunda impotencia llenó mis pensamientos. Pensé en mi madre y mi hermanita, ¡Tan pequeña! "La niña linda de mi padre". Sentí el peso sobre mis hombros de ser portador de una noticia tan espantosa, y pensé también en el horror que inexorablemente arrastraría con todo en mi país. Este, era sólo el comienzo...

Hoy, cincuenta años después, en la fría cama de un hospital de Estados Unidos, lleno de tubos que pugnan por mantener mi miserable existencia, me siento feliz y tranquilo. Sé que muy pronto voy a enfrentarme al Creador y voy a poder abrazar a mi amado padre. ¡Al fin, sabré quien fue el canalla que le dejó esa sabana en la celda para acabar con su preciosa vida! Entonces, haré justicia...

Honrando la memoria de mi primo

Faro de luz

Llegaron como pirañas, goloseando hasta nuestras pertenencias más íntimas…

¡Cuánta tristeza Dios mío! ¡Qué hermanos de la misma Madre Patria, desalojaran nuestra casa, ensañándose en el dolor y la tristeza que iban creando con sus acciones desenfrenadas!

Mujeres y hombres ataviados con su uniforme verde olivo, altas botas negras y sus odiosas armas largas, allanaron nuestro hogar, desafiando todas las leyes del respeto y la justicia. ¡Cargaban televisores, muebles, utensilios de cocina, y todo lo que había constituido el arreglo de las dependencias del mismo, hasta hoy, el día aciago en que sellaron sus puertas y ninguno de nosotros podrá entrar jamás! Nos fuimos tristes y en silencio, pero con la frente alta y con la cruz de nuestros respectivos rosarios como único y poderoso estandarte.

—Hija, ven aquí conmigo, — me dijo mamá en tono protector. — No, que se siente delante, riposto mi padre con las manos crispadas en el volante del carrito del tío. — Aquí irá más tranquila. Mi pequeño hermano reía y jugaba inocentemente en el regazo de mamá, ajeno a la separación inminente de toda la familia.

Oramos durante todo el camino hasta casa de los tíos, que con tanto amor nos habían ofrecido posada hasta que llegara nuestra salida del país. Fue una larga y angustiosa espera en la que experimentamos todo género de emociones.

Al fin, un mes después, llegó una notificación del gobierno en la que especificaba que la única que partiría dentro de 48 horas sería yo, porque los demás miembros de la familia estarían sometidos a nuevas disposiciones que se darían a conocer después de mi partida.

Mi abuela exclamó aterrada: — ¡María sola! ¡Esto no puede ser! —Y mi santa madre, echa un mar de lágrimas, como si su corazón anticipara lo que tendríamos que vivir en un futuro cercano, me dijo: — ¡Hija, tú te vas y de esto no se habla más, El Señor estará contigo!— Así lo hice…

Ya lista para abandonar aquel infierno, quise pasar por última vez por el que había sido mi hogar, y donde en unión de mis padres había sido tan feliz. Recorrí todo el jardín, y traté de ver a través de los vidrios de las ventanas el interior de cada habitación. Todo estaba sumido en la más triste oscuridad. En mi lento recorrido, llegué al ventanal de la sala que daba a la calle, y observé que de allí salía una luz tenue. Me acerqué y fue entonces, que: ¡En todo su esplendor pude ver el arbolito con sus lucecitas encendidas como gritando que Jesús había nacido de nuevo entre los hombres y que traía su regalo de amor para salvar el Mundo!

¿Un descuido? Me pregunté. ¿No les interesó llevárselo en despiadado desdén por lo que representaba? Nunca he encontrado respuesta a mis preguntas, pero me contaron los vecinos en sus cartas, que el arbolito con sus lindas guirnaldas multicolores se convirtió en faro de luz vivificadora, uniendo en una hermandad casi mística a todos los vecinos de la cuadra y a muchos otros que venían de afuera para verlo. Un día, alguien lo apagó…

La última humillación

Caminé lentamente hacia una nave que los comunistas castrenses habían acondicionado para revisar las pertenencias de los viajeros o "gusanos viajeros" como se nos había bautizado a aquellos que escapábamos de sus garras rumbo a Estados Unidos. Ya había pasado la desagradable y triste experiencia de pasar un tiempo en "La Pecera". Este era un cuarto todo de cristales, en el cual los viajeros se sentaban a esperar para ser llamados, mientras que sus familias los veían desde el otro lado. Yo había pegado mis manos al cristal y mi mamá había puesto las suyas desde afuera. Este era el último adiós y no lo sabíamos, una separación que se prolongaría por muchos años...

En dicha "pecera", me había encontrado con una vecinita del barrio y estuvimos juntas todo el tiempo, y ya en el área donde se efectuó el primer registro, ella, siendo dos años menor que yo «yo tenía dieciséis» me ayudó a controlarme, ya que cuando me quitaron el rosario de la cartera entre otras cosas, yo les dije: ¿Para qué me lo quitan, si ustedes no creen en Dios? Mi vecina me dijo bajito: — ¡Cállate, que no te van a dejar salir! Yo te compro uno en Miami. — Me resigné, y me callé...

Pasado el chequeo, nos encaminamos al avión. Ya acomodada en mi asiento, pude observar que la caja de lata voladora, como los llamaba mi abuelo, estaba llena de niños y jovencitos solos. Todos con la misma tristeza reflejada en sus juveniles rostros. Sus padres, con el terror de perder la patria potestad de los mismos, y que estos crecieran en un régimen comunista lleno de odio y negación de libertades, optaron por sacarlos del país, aceptando la caritativa invitación de La Iglesia Católica, que a través de la Archidiócesis de Miami, los acogía con los brazos abiertos. Yo miraba con avidez hacia la terminal tratando de ver a mis familiares, pero no los pude ver.

De pronto, se abrió la puerta delantera del avión, y dos milicianos se encaminaron hacia donde Lucy y yo estábamos sentadas. —Ustedes dos, ¡síganos!— Nos levantamos y fuimos detrás de aquellos hombres con el corazón palpitando aceleradamente. ¿Qué iba a pasar? —Bueno, — me dijo Lucy. —Pongámonos en manos de Dios.

Bajamos la escalerilla y entramos a un edificio que tenía un salón muy largo lleno de mesas en el centro; allí, nos esperaban dos milicianas. Una de ellas nos dijo, no de muy buena forma: —Tienen que desvestirse. — ¿Quitarnos todo? —pregunté. — Quédense en ajustador y pantalones, —contestó la otra con un tono más conciliador.

¡Qué humillación, pensé! Esta era la última que recibiría de manos comunistas. Lo juré allí mismo, sintiendo que una rabia sorda llenaba todo mi ser.

Al fin terminaron su deleznable trabajo, ordenando ásperamente: —Pueden vestirse, hemos terminado con el registro personal. Cuando terminen, una de nosotras las llevara a abordar el avión. —Nos vestimos rápidamente, y fuimos escoltadas hasta la escalerilla. ¡La subí de dos en dos!

Bueno, al fin adentro y sentadas nuevamente. —¡Creo que ahora si nos vamos!— me comentó Lucy. —No cantes victoria hasta que estemos en el aire, — contesté. La puerta se cerró y en minutos comenzaron a oírse los poderosos motores como gruñidos de fieras listas a despedazarse.

Nos santiguamos ambas, y dimos gracias a Jesús por ayudarnos a escapar de Cuba comunista. Miré por última vez la hermosa bahía de La Habana. Las costas de Cuba iban alejándose lentamente y mi corazón sintió un desgarro tal que no pude contener las lágrimas. Comencé a cantar el Himno Invasor, y poco a poco el avión se llenó de voces juveniles que también entre lágrimas se despedían de su adorada patria, cantándole. ¡Fue un momento muy emotivo!

Un cielo azul lleno de blanquísimas nubes nos acompañó todo el tiempo, y un joven piloto llevó la nave a su destino con una destreza magistral. —Por favor, pónganse los cinturones, dentro de 5 minutos arribaremos al aeropuerto de Miami, Florida. Esperamos que hayan disfrutado su viaje en Panamerican Airlines.

La voz de la aeromoza nos preparaba para el arribo. —Bueno, aquí estamos— le dije a Lucy. —¿Y ahora qué?

Después de un aterrizaje perfecto, se abrió la escoltilla para que los niños viajeros, "Los Pedro Pan", comenzáramos a descender. Yo bajaba sin prisas. Llegué al último escalón y me incliné al piso de la pista, para depositar un beso en la tierra que nos abría sus brazos y que compartía con nosotros su Democracia y Libertad. De pronto sentí unas manos asiendo las mías, ayudándome a levantarme. Al estar ya de pie, me encontré con un rostro de hombre bondadoso, dueño de una sonrisa que nunca he podido olvidar. —Bienvenida a Tierras de Libertad, hija mía. — ¡Era la dulce voz de Monseñor Bryan O'Walsh! Ese magnífico religioso que ayudó a escapar del Comunismo Internacional a 14,000 niños cubanos...

Promesa

Mi verso se desgarra
En agonía dolorosa
Que, agazapada
En la corteza
De tanta humillación,
Recibe los zarpazos
Que con implacable prisa
Se riegan como cáncer
En derroche maldecido,
El día de nuestro adiós.

Mas, un día volveré
A esta tierra bendecida
Y volveré a ver sus palmas
Orgullosas y altivas.

Volveré a ver las risas
De este pueblo que hoy llora
Porque entrará triunfante
La libertad del hombre
En una nueva aurora.

¡Coincidencia milagrosa!

Era una tarde triste... El vehículo público en que iba recorría las calles en forma monótona, haciendo sus habituales paradas y recogiendo o dejando su carga humana. El conductor, un esbelto morenito de mirada limpia, había entablado una conversación muy amena con el chofer, el cual de vez en cuando se sonreía conmigo a través del espejo retrovisor. Era como si hubiese leído en mis ojos la carga de tristeza que llevaban y quisiera darme ánimo. Yo no le podía corresponder, sólo pensaba en que cada vez que el ómnibus echaba a andar, me acercaba más a mi destino...

Miraba todo con avidez, tratando de imprimir en mi mente aquel ambiente familiar que era parte de mi vida. Cada esquina, cada tiendita, cada pregón... El sobre que llevaba en mis manos, me quemaba como si mil brazas ardientes pugnaran por salir del mismo. Sentía una relación casi mística con él...

Mi esposo, al alejarse con nuestro hijo pequeño en brazos, me lo había entregado rogándome: —Cuídalo, por favor, nuestra vida está en ese sobre.

Repuntaba el mediodía y no había dormido la noche anterior. Poco a poco, el movimiento del vehículo y el intenso calor dentro del mismo, fueron contribuyendo a que cayera en un estado de semi inconsciencia. No sé en qué momento se deslizó el

• • •

sobre de mis manos. Con la cautela de una pluma en descenso, se acomodó silencioso a mis pies o en algún lugar del suelo del vehículo. Me despertó el tin tin del cordón que anunciaba una nueva parada y ¡Dios, era en la que yo precisamente tenía que bajarme! Me enderecé en el asiento arreglándome la blusa. Me levanté y agarrándome del pasamano observé que era la última pasajera.

— ¡Buenas tardes señora!— me dijeron a coro el conductor y el chofer, este último sin perder su eterna sonrisa. El conductor nunca sonrió. Me daba la impresión de que cuando nuestros ojos se encontraron, descubrí una gran congoja en ellos. Bueno, pensé que probablemente era una mera coincidencia. Me dije que yo veía la reflexión de mi pena en todas partes y terminé de bajarme pisando el duro cemento de la acera.

El ómnibus comenzó su impersonal recorrido, alejándose cada vez más. ¡De pronto! Miro mis manos. ¡Estaban vacías! ¡El sobre, oh Dios! ¡El sobre se había quedado en el ómnibus! ¡Grité desaforadamente, sintiendo que mis pulmones iban a estallar! ¡Pero ya aquellos hombres del ómnibus no podían escucharme! ¿Qué había hecho? En un momento había destruido la vida de mi esposo, el futuro de mi hijo y mi propia vida. ¿Qué explicación iba a darle a mi familia si yo no me lo podía explicar a mi misma? ¡Tantas luchas! ¡Tantas lágrimas! ¡Tanto dolor! Y ahora, todo lo había perdido…

Sentí que las piernas me flaqueaban y me refugié en un frondoso árbol, uno de tantos que adornaban las calles de mi barrio. De pronto una voz surgió de la nada, preguntando: —¿Señora, se siente usted mal? ¿Puedo auxiliarla en algo?— Levanté la cabeza y entre lágrimas, pude ver a un hombre joven de estatura mediana que me miraba preocupado y me extendía su mano. Él, estaba vestido de uniforme. Aquel odioso y detestable uniforme… Pensé en rechazarlo, pero vi dentro de aquella vestimenta a un buen ser humano que me ofrecía ayuda; y en un repentino impulso, la acepté. Asiéndome de su brazo, caminé una cuadra hasta que me sentí más segura. Le di las gracias y me despedí.

Comencé ya con paso más firme a acercarme a mi casa y a mi triste realidad. Era la estampa de la desolación cuando mi madre abrió la puerta. —¿Hija, qué te sucedió?— preguntó preocupada. No pude contestarle porque me ahogaban los sollozos. Entré a la sala y en un rasgo de locura me quise quitar la vida, tratando de tirarme desde el balcón en el que tantas veces había orado, reído y llorado. A los angustiosos gritos de mi madre por no poder controlarme, se acercaron nuestros queridos vecinos, cuatro, seis, ocho. ¡Qué sé yo cuantos eran! ¡La casa era un caos! Mis gritos, las súplicas de mi madre, los vecinos me agarraban, me hablaban, tratando de hacerme desistir de la cobarde acción de quitarme la existencia.

Me encontré de nuevo en la sala de frente al altar que mi madre tenía de la Santa Bárbara, de la cual era muy devota, y me postré ante la Santa hecha un mar de lágrimas. ¡Ayúdame por Dios! ¡Intercede ante el Señor para que me conceda el milagro de recuperar el sobre! Le supliqué una y mil veces.

Comenzó a atardecer y yo seguía arrodillada, llorando y llorando… Nuestros vecinos, fieles y silenciosos, trataban de darme fuerza con su presencia. De pronto, se oyeron unos leves toques en la puerta y un morenito esbelto, de mirada limpia se asomaba tímidamente al umbral de la misma. —Señora, — dulcemente me dijo, — levántese, no llore más, aquí le traigo el motivo de su angustia. — Extendiendo su mano, me enseñó el abultado sobre que se había quedado en el ómnibus en horas del mediodía.

Después de darle las gracias a Santa Bárbara, recuerdo vívidamente cuantas veces le di las gracias a él y cuantas veces lo abracé. ¡Ese hombre me había devuelto la vida!
Porque aquel sobre contenía todos nuestros documentos de la salida de Cuba, ese lindo y otrora alegre país que tanto amábamos, y que ahora, por la salvaje represión de un régimen comunista teníamos que abandonar.

El conductor, al finalizar el recorrido siempre se cercioraba de que no hubieran cosas olvidadas de los pasajeros y así encontró mi sobre, el cual abrió, y al enterarse de su contenido, buscó mi dirección y me lo trajo.

Al rato, ya más calmada y saboreando ambos una humeante taza de café, conseguido en bolsa negra y preparada por mí santa madre, le pregunté: —¿Dime qué quieres Luis?— Así se llamada mi salvador. —Pídeme lo que tú quieras, porque te debo la vida mía y de los míos. Lo que hiciste por nosotros, no lo pago con nada…

—Señora Georgina, — dijo con su dulce y triste voz. —Mi esposa era presa política. Ella enfermó en prisión y falleció. Yo, como ustedes, estoy tratando de salir de Cuba. Hace escasos tres meses que envié a nuestro hijito de 8 años a los Estados Unidos para no perder la patria-potestad del mismo a manos de este infernal gobierno. Él se encuentra solito en un lugar que se llama Matacumbe, y hasta que yo pueda abandonar el país, no tiene a nadie que vele por él y lo visite. ¿Ustedes podrían hacerlo?

Sentí que mi corazón palpitaba al unísono del de este hombre. Yo, como tantas otras madres cubanas tenía en las antiguas barracas del ejército Americano en Florida City «acondicionado para las niñas que venían a través del programa Pedro Pan, auspiciado por la Archidiócesis de Miami», a mi adorada hija de sólo dieciséis años; la cual, por sus profundos valores y conceptos religiosos se había involucrado en todo género de actividades en contra del régimen comunista y su patriótica rebeldía constituía un peligro para su vida. Me vi obligada a sacarla del país y desde entonces había luchado intensamente para reunirme con ella. — ¡Por supuesto!— le contesté a Luis. Mi obligación moral con este hombre se sellaba en aquel cálido apretón de manos.

Han pasado 46 años de este doloroso incidente. Luis logró salir de Cuba y se mudó con su hijo a Nueva York. Hizo de él un hombre digno y noble, con una mirada limpia como la de su padre,

• • •

amante de Dios y respetuoso de las leyes de los hombres. Su madre, desde el cielo debe sonreír con beneplácito…

Hemos mantenido una hermosa relación a través del tiempo y siempre cuando nos reunimos, nos dirigimos al Altísimo y le damos mil gracias por haber movido los hilos de nuestras vidas en una: ¡Coincidencia milagrosa!

Este cuento es un relato verídico. Sucedió en 1965 y lo escribí para honrar a mi adorada madre, que tanto sufrió por culpa de ese fatídico régimen de terror que fue impuesto en Cuba el primero de enero de 1959.

Alberto, el militar

Escogido por Martí
En su poema más selecto
Tú tricornio y tu bastón
Fueron nobleza y paso recto.

Hombre bueno,
Ejemplo de honestidad.
En tus venas
Como en aguas
De caudal bravío
Corría el Maceismo
Impetuoso
Y nada impío

¡Espadachín,
De causas nobles
A cuya puerta llegaba
Un arcoíris de colores!

Manos blancas, se extendían
Manos negras,
Manos pobres…

Voces,
Que clamaban por ayuda
Que en la clara madrugada
…

...

Recibías sin una duda
Lentamente, te vestías
Y a aquellos, ¡al que fuera!
Tú, le resolvías.

¡Gracias, mil gracias!
Te decían
Eso me enseñaste
A dar, sólo esperando
Recibir sonrisas...

Un primero de enero infortunado
Tú, poderoso militar
De espaldas anchas,
Estatura de roble
Y férrea voluntad,
Te pusiste tu uniforme
Enfrentándote a las hordas
De la chusma callejera,
Cargado de honor
Y preparado
Al cumplimiento del deber.

¡De pronto!
Entre aquellos camiones
Surgen voces
Que al unísono gritaron:
¡Arencibia! ¿Tú estás loco?
¡Sube aquí con nosotros!
¡No! Se oían gritos
De un segundo camión

...

...
Lleno de voces blancas,
Voces negras,
Voces nobles...

Él se va con nosotros.
¡Este es Arencibia,
El oficial de los pobres!
El que nunca tuvo prisa
El que nos tendió la mano
Siempre,
Con su mejor sonrisa...

Doce meses después
Aquel oficial retirado
Por decisión del gobierno
Hundía su pena y su dolor
En el vuelo
Que lo sacaría
De su madre tierra...

Pasaron años de traición
De desconfianza e impotencia
Hasta que enfundado
En su bandera amada
Descansó su cuerpo
En tierra americana.

Así, Alberto el militar
Abrazó su tricornio y su bastón
¡Diciendo adiós a toda la tristeza!

El soldadito de plomo

Soy Manuel José Arango. Hace escasos seis meses salí de Cuba con destino a la universidad de Salamanca en España, en pos de una carrera de letras la cual me ubicaría como participante del activo mundo familiar de las mismas. Mi padre, un eminente abogado y escritor. Mis dos tíos abogados y los primos...bueno todos ellos estaban iluminados con el don de las letras. El único que no había sido tocado por esa varita mágica era mi hermano mayor, que desde pequeñito jugaba a ser soldado. Él, Marcos Julián, había pasado sólidos cursos en la academia militar de San Ambrosio graduándose con honores. Hoy era un oficial de cierto rango, ganado a través de mucha dedicación y disciplina. Marcos era un idealista, soñador y justo, con un expediente académico brillante. De esos seres que a mi criterio no abundan en el planeta.

Se estaban atravesando tiempos muy difíciles en La Isla, ya que grupos armados que recibían órdenes de La Internacional Comunista, pugnaban por tomar el poder arropados bajo la sombra de ayuda extranjera, uniéndose a sus filas los tontos útiles de todos los tiempos y los inocentes campesinos a los que los llamados insurgentes ofrecían maravillas para que los escondieran en sus humildes casas, comiéndole el poco alimento que tenían para sus familias.

Muchos de estos nefastos personajes se establecían en las capitales de las provincias y ponían bombas en toda la nación, sembrando el terror y el desconcierto en la ciudadanía, habiendo en sólo una noche explotado 22 de las citadas en la ciudad de La Habana. La consecuencia de estas acciones era una dura represión por parte de organismos del gobierno, aplicada a aquellos que rompían las reglas establecidas por la sociedad y por añadidura se experimentaba un caos total en la Isla. Mi familia, cristiana y democrática en su más profunda esencia, se revelaba ante tanta mala intención y propaganda mentirosa difundida en los principales diarios y programas radiales del país, y contrarrestaba las mismas a través de sus valerosos escritos que llenaban de luz a los ciudadanos pensantes y alertaban de la jaurías imperantes en La Sierra Maestra, cuyos lobos más tarde despedazaron nuestra patria.

Esta posición vertical ocasionó, que al caer el régimen establecido y ser sucedido abruptamente en una fatídica noche por un horrible sistema comunista, cayeran todos bajo el manto de una persecución feroz, lo que conllevó a tener que abandonar el país meses más tarde. Mi hermano el militar se vio cruelmente hostigado en su hogar por las turbas orquestadas hábilmente por el gobierno, cayendo preso injustamente como tantos hombres que servían la nación con honestidad y decoro, que fueron víctimas de la chusma que imperaba en el país. Sentí una gran ansiedad al enterarme como estaban las cosas por una llamada de mis padres. ¡Ellos me necesitaban allá!

• • •

¿Cómo estudiar en estas condiciones? Además, tenía que hacer algo por mi hermano. ¡Remover cielo y tierra si fuera preciso!

Inicié los trámites del viaje y ya hoy me encontraba de regreso en el barco Covadonga, el mismo que me llevó a Europa. Una cruel angustia me envolvía, como una premonición de que algo muy triste y grave me esperaba… Un cielo ennegrecido era presagio de la tormenta que se avecinaba…

Al fin atracó el barco. El otrora atractivo y pintoresco puerto de La Habana se veía lleno de hombres melenudos y armados hasta los dientes. Me sentí intimidado ante tanto despliegue de poder impuesto por la fuerza. Compré un periódico local. Hablaba de fusilamientos de asesinos y esbirros del antiguo régimen, de encarcelamientos y allanamientos de moradas. ¡Toda una verborrea teatral encaminada a impactar las mentes débiles y tomar el control total del país! De pronto leí una nota que me desgarró el corazón: ¡Allí se encontraba impreso el nombre de mi querido hermano, el cual había sido fusilado la noche anterior, según sus verdugos, por atentar contra los poderes del Estado y de la Revolución! No podía controlar mi llanto. Las lágrimas corrían por mis mejillas, quemándome a su paso. Tomé un viejo carro de alquiler y le di al chofer las indicaciones para llegar a mi casa. Camiones con hombres y mujeres vestidos de milicianos recorrían las calles como en una conga colectiva. Muchas de estas mujeres habían cambiado su dulce papel de esposas y madres por el de chivatas al servicio de la maledicencia, me dije tristemente.

* * *

Yo sólo pensaba en mis padres, en la esposa de mi hermano que estaba para dar a luz y en el pequeño hijito de ambos de sólo cuatro años. También en el abuelo Pepe, el patriarca de nuestra familia; avaro y rezongón, pero Marcos Julián era su nieto mayor y también su mayor orgullo. ¿Cómo los iba a encontrar, Dios mío? ¡Dame fuerzas, pedí fervorosamente para poder servir de apoyo espiritual a todos los atribulados seres a los que me iba a enfrentar en unos cuantos minutos.

Me encontré en el vestíbulo de la casa que se encontraba tétricamente cerrada y oscura. Había abierto con mi llave, sin anunciarme, y el silencio me sobrecogió. Me dirigí a la cocina. Allí estaba la nana Rosa. Parecía más chiquitica y encanecida. Al verme me abrazó llorando. Ella me informó que a mi hermano lo habían venido a buscar a la casa y le dijeron a los viejos que ese era un proceso de rutina, que podrían ir a verlo al otro día, cuando en realidad ya tenían planeado matarlo.

Lo llevaron a un patio tapiado a las cuatro de la madrugada y lo pasaron por las armas sin juicio previo. Cuando mis padres y su esposa llegaron a verlo, su cadáver yacía tirado en un sucio camastro. Uno de los guardias contó, a riesgo de su propia vida, que mi hermano murió con hidalguía, sin permitir que le cubrieran los ojos y gritando ¡Viva Cristo Rey! antes que la última descarga terminara su preciosa vida.

Me cuenta la nana que mi cuñada casi ha perdido la razón y que ataca a gritos e improperios a cuanto soldado fidelista se cruza en su camino. ¡Gracias a Dios estos no le hacen caso tildándola de loca, por lo menos hasta ahora, pero me di cuenta que tenía que hacer algo y rápido para sacarla del país junto a mis padres y también a nana Rosa, porque nosotros éramos su única familia! La nana nos vio crecer a Marcos y a mí, siendo la mano derecha de mamá todos esos años. Despacio, prendida de mi brazo, me acompañó a la habitación de mis padres. Me dieron la impresión de ser dos muñecos sin vida, rotos y vacíos. Me acerqué y los abracé fuertemente. Ninguno de los dos lloró. Pensé que sus ojos ya estaban secos de tanto hacerlo. ¡No había palabras! ¡No había consuelo! ¡Sólo un inmenso dolor!

En mí comenzó un feroz deseo de hacer justicia, sentimiento que dominaría mis acciones más adelante. Después de estar con mis padres, bajé a la biblioteca para ver al abuelo. El estaba en la silla de papá mirando por la ventana hacia un punto indefinido. Sus ojos tenían un brillo extraño y una barba de varios días sombreaba su rostro. — Abuelo, — le dije acercándome. No me contestó. Sólo me miró, y levantándose me abrazó muy fuerte, como nunca lo había hecho. —Esos perros comunistas mataron a Marquito, — me dijo ya rompiendo su silencio.

Los días pasaron y yo trabajé afanosamente en la preparación de la salida de la familia para España, donde el hermano mayor de mi madre les habría los brazos y las puertas de su hogar. Yo había obtenido los visados de rigor y los permisos de salida de los actuales jefes de La Isla. ¡Pronto vendrían, como aves de rapiña a hacer inventario de todos nuestros bienes, no excluyendo ni las gavetas que guardaban los calcetines por zurcir! ¡Qué profundo asco me producían! ¿Cómo era que Cuba había llegado a esto? Me preguntaba una y otra vez sin obtener respuesta.

Durante mi estadía pude darme cuenta del terror que imperaba en el país. Todo el que podía, hacía planes para abandonar La Isla, ya que el pueblo se encontraba desarmado y en manos de esos sanguinarios facinerosos, producto de una codicia desmedida que les corroía las entrañas, adueñándose de vehículos, inmuebles y la vida misma de los cubanos a una velocidad que no daba tiempo a reaccionar; y los que no podían irse, trataban de sobrevivir haciéndose eco de un teatro colectivo. Las cárceles se iban llenando rápidamente y la chusma era dueña y señora de las calles, llenándolas de manifestaciones y consignas revolucionarias. ¡Toda Cuba era un carnaval dantesco!

Yo había visitado varias veces el lugar de descanso de mi hermano. Me había sido muy difícil hacerle comprender a mamá que Marcos se iría con nosotros y que lo único que quedaba ahí era lo que envolvía su ser. Ella insistía en no dejarlo solito en Cuba. ¡Pobre mamá, cuanto sufría y yo no podía hacer nada para mitigar su pena!

Faltaban veinte días para que se me venciera el tiempo otorgado de permiso en la universidad de Salamanca y discutí con mis padres el regreso. Los viejos insistieron en que regresara y les cumpliera el sueño de verme graduado de Filosofía y Letras. Yo no me pude negar, y decidí tomar el barco que zarparía hoy a las 10:00 de la noche, no sin antes cerciorarme de que tenían todo en regla para salir en el próximo vuelo que la aerolínea Iberia realizaría a La Habana.

Fui a visitar el cementerio por última vez y le encomendé la familia a mi querido hermano. Él ahora tenía el poder de protegerlos, pues de seguro se había convertido en su Ángel Guardián. Protégelos, le pedí, y cerciórate de que todos puedan salir de Cuba. El abuelo se queda, tú lo conoces. Él no se va. Felisa, la fiel sirvienta de toda su vida se quedará a acompañarlo. Le juré a mi hermano frente a su tumba que cuidaría de sus hijos y les daría una formación cristiana y democrática. También jure que algún día regresaría. Te lo prometo, hermano, en nombre de nuestros padres, en nombre de tus hijos y en nombre de nuestra querida patria. ¡VOLVERÉ Y HARÉ JUSTICIA!

La tarde oscurecía. Sobre la tumba había una cruz. ¡Ya todo estaba perdido! Debía regresar al puerto antes de las 9:00 de la noche para tomar el barco que me conduciría a Europa. Puse una rosa blanca sobre la lápida y el soldadito de plomo con el que tanto mi hermano había jugado en su niñez.

Continua…

¡Valientes!

¿Enemigo? ¡Qué tristeza! Porque peleamos hermano contra hermano...

Atrincherados en aquel hueco, pensaba que quizás habíamos cavado nuestra propia tumba y allí, entre el lodo y la implacable lluvia terminaría nuestro sueño de justicia y libertad. No estaban mis pensamientos tan lejos de la verdad más cruel...

Yo había prometido frente a la tumba de mi hermano Marcos que regresaría en pos de ambas para nuestra querida patria y heme aquí, con los valientes compañeros de la Brigada 2506.

Mis pensamientos me trasladaron a los campamentos, donde jóvenes amantes de la democracia nos presentamos dispuestos a dar nuestras vidas si así hubiese sido necesario. Éramos todos hombres con la misma misión, erguidos con una fuerte determinación libertaria y ungidos por nuestra fe en Dios.

Nuestras nobles intensiones se llenaron de patriótica motivación, al recibir entrenamiento y pertrechos, de amigos y en países amigos...

Peleamos como caballeros, con la espada del honor empuñada, hasta que llegó la aplastante realidad: La contraorden que conllevó a la traición más ruin.

Los demás es historia: Prisión, maltrato, vejámenes. Un canje indecoroso, frustración.

• • •

Pero… el honor intacto.

Erguidos como reyes, ante el enemigo y el amigo…

¡Bendición del Señor!

Traición

Un 17 de abril
En Cuba desembarcaron
Los cubanos que en Girón
Por la libertad lucharon.

Y llenos de ese amor patrio
Que ilumina los valientes,
Llegaron como corriente
Que arrastra todo a su paso.
¿Y qué fue
De aquellos libertadores?
Se encontraron con traidores
Que por cobardía insana
Escondieron la cabeza
Tras la bandera cubana.

Entregarla en Cuba libre,
Fue lo que nos prometieron
Y más tarde, se burlaron
De todos los que creyeron.

Más, hoy en manos extrañas
Continúa nuestra bandera
Sólo la recibiremos
¡Cuando ondee en La Cabaña!

Georgina Heria de Arencibia
«Mi madre»

• • •

Volverían

Ellos,
Buscando justicia
Encontraron traición.

Tratados deshonrosos,
Trajeron frustración.
Mas, hoy
¡La patria se desangra!
Y ellos en su dolor
Volverían de nuevo
Con sus sienes de plata
A empuñar el fusil,
Ofrendando sus vidas
En pos de una ilusión.

Así,
¡Limpiarían con su sangre
Una burla tan vil!

Honrando a La Brigada 2506

¡Burla dantesca!

¡No lo podía concebir! Me sentía desconcertada y furiosa…

Hace escasamente un mes me encontraba en el vestíbulo de una corte del gobierno revolucionario, respondiendo a una falsa acusación de atentar contra los poderes del Estado. Mientras esperaba ser llamada, entablé conversación con un joven vestido de uniforme que se encontraba allí. Pensé que debí inspirarle confianza porque poco a poco me hizo revelaciones que estrujaron profundamente mi ya lastimado corazón de madre, porque él podía ser mi hijo por sus años.

—Señora, — me dijo con voz temblorosa. — Los miembros del régimen dictatorial que acabamos de derrocar, eran tan crueles que ya yo no soy hombre... Me practicaron una horrible cirugía, sólo por luchar contra las injusticias de su gobierno.

Me oí decirle: ¡Lo siento, lo siento mucho! Una enorme congoja inundó mi ser. Escuché el llamado de mi nombre y me despedí de aquel muchacho, dirigiéndome a la sala que me fue asignada para enfrentar mi destino.

Horas más tarde, habiendo podido establecer mi inocencia, salí airosa del edificio no sin antes darle gracias a Dios. No vi más al joven militar, pero me acompañó desde entonces una profunda rebeldía contra aquellos que llevaron a cabo aquel abominable acto en su persona.

Hoy, ante mi inminente salida del país, me dirigí a la Quinta Covadonga donde mi hermana menor trabajaba para pasar un rato agradable con ella. Allí también rendía labor de trabajo una enfermera llamada Carla que, aunque un poco liberal, era una buena persona y siempre me trataba con afecto. Casualmente, nos encontramos en el pasillo.

— ¡Hola, Georgina, qué gusto verte! ¿Vienes a buscar a tu hermana?—Sí. — le contesté. —Vamos a almorzar. ¿Quieres venir con nosotras?— ¡Sí, qué buena idea!—me dijo alegremente. —Pero espera un momento, que ahí viene mi novio. — Me volteé para curiosear la nueva conquista y… ¡Cuán no sería mi sorpresa al ver nuevamente al militar con el que tuve aquella triste conversación en la corte!

Los vi besarse y abrazarse efusivamente. Él se despidió y se marchó sin mirar hacia donde yo me encontraba. No creo que me vio.

Después, ya sentada en una cafetería cercana, abordé abiertamente el tema a Carla. Yo la conocía y sabía que para ella debía de ser una de sus tantas aventuras, si es que se podía considerar una con aquel muy apuesto pero infeliz hombre; así es que le conté la confidencia que él había compartido conmigo cuando coincidimos en la corte.

Ella me miraba con los ojos muy abiertos, escuchándome atentamente. ¡De pronto, soltó una tremenda carcajada, llamando la atención de todos los que allí se encontraban! — ¡Amiga, te cogieron de boba! Ese hombre tiene.... ¡Ese hombre es fabuloso en el arte del amor!

¡Me mordí los labios hasta hacerlos sangrar! En ese momento vinieron a mí las 20 mil muertes publicadas en los periódicos y revistas de toda la Nación, y me pregunté: ¿Cuántas fueron verdad y cuántas fueron parte de una burla dantesca? ¡No tienen perdón!

La cómplice

Eran los albores del fin de año de 1961. En mi casa se hacían preparativos, no para celebrar el arribo del nuevo año que llegaba, sino para mi inminente salida del país. Yo, como tantos jóvenes católicos de esa época, nos asfixiábamos bajo el yugo del régimen comunista que imperaba en el mismo, optando por salir hacia otras tierras donde entre otras cosas, pudiéramos ejercer libremente nuestra religión.

Existía entonces una especie de bolsa alargada de tela gruesa a la cual daban el nombre de "gusano", en la que los viajeros que abandonaban La Isla con destino a Estados Unidos podían llevar hasta sesenta libras entre ropa y zapatos. Yo tenía exactamente ese peso en mi bolsa, lo que me tranquilizaba al pensar que dispondría de suficiente ropa para cambiarme y buscar trabajo en mi nuevo destino. ¡Cuál no sería mi sorpresa y desaliento al escuchar por la radio las últimas disposiciones del régimen, anunciando a los viajeros que sólo les permitían llevarse tres cambios de ropa y tres pares de zapatos! Me encontré con la disyuntiva de escoger sólo las piezas de ropa permitidas pero no tenía nada en que llevarlas. ¿Dónde encontraría una pequeña maleta?

La solución a mi problema llegó a través de la compañía de seguros con la cual mi padre estaba asociado. Uno de los miembros de la directiva, al escuchar a mi papá relatando lo que estaba sucediendo, le ofreció prestarme una pequeña maleta y yo, cuando llegara a mi destino, tendría que contactar a los miembros de su familia que se encontraban ya en Estados Unidos para que vinieran a recogerla. La recibí gustosa y cambié las pocas pertenencias que me permitían llevar, para la misma.

Mi padre fue militar toda su vida pero en sus días libres tenía una relación de trabajo con esta compañía, cosechando también una gran amistad con sus dirigentes a través de veinte años, viendo nacer y crecer a los chicos de todos ellos. Recuerdo que desde muy niña oí los comentarios de papá acerca del sobrinito de uno de sus asociados: "Que si, que bueno es", "Que si que respetuoso", al punto de que en ocasiones me chocaba porque consideraba a aquel chico larguirucho y feo de la foto que había visto, un intruso en la vida de mi padre.

Pasó el tiempo y crecí oyendo la misma canción, pero la letra fue cambiando. Ya siendo una jovencita de unos quince años, escuchaba a papá cuando me decía: —¡Debías conocer a Carlos! Ese jovencito es todo un caballero, serio, formal, estudioso—; siendo la lista de virtudes interminable…

Yo no había visto más fotos del susodicho prodigio, pero estaba convencida de que para que entusiasmara tanto a mi padre, tenía que seguir siendo feo, con piernas largas como varillas de pesca y calzando un número 13 de zapatos, así es que siempre rehusé conocerlo.

* * *

Llegó el día de mi salida y caminé resuelta hacia mi destino. A los pocos días de estar en Miami, ya un poco calmada de tantas experiencias fuertes al salir del país, llamé por teléfono a quien o quienes tendrían que venir por la maleta. Una voz de mujer contestó, y después de los saludos de cortesía y de darme la bienvenida a Tierras de Libertad, me prometió que alguno de ellos pasaría a recogerla.

Era miércoles. ¡Una tarde preciosa y fresca del mes de Marzo! Un sol brillante ambientaba con sus cálidos rayos un límpido cielo azul. Yo me terminaba de arreglar para esperar la visita de los amigos de papá. Sabía lo importante que era para él que yo diera una buena impresión, así es que me esmeré en mi arreglo. Oí el timbre de la puerta y con un paso firme me dirigí a ella. Abrí, y me encontré en el umbral de la misma a un joven alto, esbelto, con un pelo muy negro y unos ojos preciosos. ¡Todo un mango!, me dije. —¡Hola! Buenas noches, digo, tardes— me dijo hecho todo un rollo de nervios. — Yo soy Carlos, el sobrino de Luis Mendoza, y vengo a recoger una maleta que una tía mía te presto. ¿Tú eres Elena, verdad? —Sí, sí, yo soy Elena, la hija de Romeu— respondí— y aquí está, pero... ¿No quisieras pasar? Déjame hacerte un buen café...

Han transcurrido 50 años desde ese primer encuentro: Carlos sirvió en el ejército americano y regresó. Hace 47 años nos casamos. En todos nuestros aniversarios nos sentamos uno frente al otro y abrimos la pequeña maleta, regalo de la tía, sacando y releyendo las tarjetas que acompañaron los regalos de nuestra boda.

• • •

Sé que esta maletica sirvió de cómplice al sueño que por mucho tiempo acarició mi padre, por eso en el fondo de la misma me parece ver su rostro complacido y sonriente en una complicidad implícita…

Padre Villaverde

Sacerdote genial
Que llenaste el camino
Tu sonrisa jovial
Nos dibujó el destino.

Tus bondades, padre
Divina transparencia
Nos hablaban de Jesús
Vida y esencia.

En la iglesia del Carmelo
Comunicación ungida
Los jóvenes, unidos
Amábamos la vida.

¡Qué profundo dolor
Al presenciar tu ida!
Leo Gaspito querido,
Protegías el rebaño
Al firmar tus misivas…

¡No quiero que se enteren
Que te escribe el cura,
Tú siempre me decías!

…

...

Hoy rodeas al Señor
En afección divina
¡Con tu abrazo protector
Sonríes y nos miras!

Mas, un día no lejano
Resurgirá la Nación
Y al amado Carmelo,
Con las sienes ya plateadas
Volverá tu rebaño
En un solo corazón.

Un comunista...

¡Hoy era el gran día! Me asomé a la ventana y observé que una llovizna impertinente no cejaba en su empeño de entristecer la mañana. Miré hacia el farol que iluminaba la calle y allí estaba. Como siempre, con la firme determinación de acompañarme y protegerme. Como perro fiel, pero con aquel odioso uniforme...

Mi madre se asomó al balcón y le dijo: —Sube Ángel, para que tomes café.

—Sí, me viene muy bien. La mañana está muy húmeda— contestó. Abracé a mi madre y le pedí su bendición mientras que él tomaba mi pequeña maleta y bajaba las escaleras. Nos esperaba un carro de alquiler. Se sentó en el asiento delantero y yo me acomodé en el de atrás. —Al aeropuerto— le dijo al chofer. Fue una larga y triste trayectoria en la cual no nos dirigimos la palabra. Así había sido por cinco largos años...

Ya en Rancho Boyeros, di una última mirada al aeropuerto de mi amada Habana mientras que él se hacía cargo de todos los trámites. Me acompañó hasta el avión que me llevaría a los Estados Unidos a reunirme con mi familia. Mi esposo, mi hija, mi hijito... ¿Cómo me recibiría? ¡Me lo arrebataron de los brazos aquí, en este mismo aeropuerto, cinco años atrás!

Me encaminé con paso firme hacia la escalerilla, pero antes de subir me volteé para mirarlo. ¡Estaba muy pálido y tenía los ojos cuajados de lágrimas! En un impulso fui hacia él y nos fundimos en un largo abrazo. —¡Cuídate mucho!—Tú también— le dije besándolo en la frente. Esta vez, no me importó el odioso uniforme que vestía...

El avión se alejaba hasta convertirlo en un punto. Todo el tiempo mantuvo su mano levantada, diciéndome adiós. En ese momento vinieron a mi mente los vívidos recuerdos en que venía por mí acompañándome a las embajadas que yo visitaba, ilusionada por la obtención de una visa. Siempre yo le gritaba: ¡Yo no camino por la misma acera contigo y ese odioso uniforme! Humilde, lleno de nobleza y verdadero cristianismo sin percatarse de ello, cruzaba la calle y caminaba por la acera de enfrente.

¡Cuántas veces lo hizo! Sin quejarse, sin reclamos y jamás me abandonó...

Sé que no volveré a verlo y ese pensamiento me crea una profunda tristeza. Quisiera abrazarlo. ¡Él, Ángel, es mi hermano! Un comunista muy cercano a Dios...

Ángel confundido

Dulce Ángel,
Hombre lleno de caridad
Corazón noble y limpio
¡Siempre soñaste la igualdad!

Inocente,
Te leías con avidez
En juvenil pubertad
A Carlos Marx y Lenin
Creyéndoles la mentira…
¡Dolorosa realidad!

Fomentaste,
En bello sentimiento
El amor al prójimo
En un cristiano adviento.

Contribuiste,
Por amor a la gente
A combatir la hemofilia
Del militante o creyente.

¡Yo vi cuántas veces
Te mordieron la mano,
Dándoles tú la sangre
Con amor de hermano!

…

...

Hasta yo, en dolorosa cuita
Y angustiosa ceguera,
¡Te negaba el saludo
Cual puñalada artera!

Sólo veía,
Un comunista enfundado
En un uniforme ateo
Que yo siempre desdeñaba
Y lo convertía en reo.

Mas, tú,
Con nobleza infinita
¡Todo me lo permitías!
Con tristeza susurrabas:
Pobrecita hermana mía...

Ángel,
A tu bello nombre
Rendiste los honores.
¡Con inmensa humildad
Devolviste los dardos,
Cargados de flores!

¿Sabes?
Se descorrió el velo
De mi mente obtusa
Y desde lo profundo
De mi corazón, deslumbro
¡Un verdadero Cristiano
Que sirve a todo el mundo!

...

• • •

…
Aquel,
Que me cuido en silencio
Hasta el último adiós.
¡Un ángel confundido,
Pero muy cercano a Dios!

Fibra mambisa

¡Ergástulas tenebrosas
Que aprisionaban con saña
El honor y la hidalguía!
¡Paredones insaciables
Que perforaban las noches
Al son de tanta ignominia!

Un arcoíris de manos
Abrazando los barrotes.
Una lágrima infinita…
Una patria desangrada.
¡Terror, mentira, injusticia!
Y me pregunto Señor:

¿Quién advirtió a nuestros presos
Que el amor por su terruño
Y sus sueños libertarios
Los silenciaría la cárcel,
La crueldad y el maltrato
Destruyendo el embeleso?

Quince años, veinte, treinta
De injustas condenas.
La fibra mambisa
Arrastrando cadenas…
¡Frustración y rabia
Corren por sus venas!

…

…
La salud se dilapida…
¡Pero el sable del Titán
Y la pluma del Apóstol
Se mantendrán en ustedes
Como escudo redentor
Con la fe en Dios, siempre ungida!

¡Gracias hermano, te doy!
Honrando tu sacrificio
En nombre del Yumurí,
De Bellamar y Soroa.
De la palma, del sinsonte,
Del escudo y la sabana.

Gracias, porque al quererte cambiar
Tus ideas de libertad
Te lastimaron con saña…
Te produjeron heridas
Difíciles de olvidar
En el curso de tu vida.

¡Gracias en nombre de Cuba,
Nuestra Patria entristecida!

A los presos políticos cubanos

Dos estrellas más

Observé el firmamento cuajado de estrellas. ¡Conté tantas! Brillaban como lágrimas... Una noche más de horror, me dije.

El patio de mi casa era testigo mudo de lo que sucedía en el terreno tapiado de la prisión vecina, pues lamentablemente, todo se oía. El viento despiadado servía de mensajero...

El viejo reloj de mi casa, marcaba exactamente los doce de la noche, la hora en que se llevaban a cabo los crímenes más horrendos.

Se encendieron las luces iluminando el área. Se escucharon pasos y movimiento; y de pronto, el alucinante mandato: — Preparen, apunten, ¡fuego! —¡Viva Cristo Rey! ¡Abajo el comunismo!— Se oyeron dos voces al unísono...

Después, de nuevo el silencio cómplice y artero... Sentí impotencia y rabia. Yo no los conocía pero eran dos patriotas más que caían en la desigual lucha contra el régimen comunista que se había apoderado de nuestras vidas.

Miré al cielo. Esta vez conté dos nuevas estrellas que, fulgurantes y bellas, iluminaban mi entristecido corazón.

A la mañana siguiente, una vieja y destartalada camioneta transportaba dos cuerpos a una fosa común... Sonreí al verlos pasar y pensé:

¡Tontos comunistas,
Esta noche divina
Verá toda la gente
Que pondremos altar!
¡Dos estrellas nuevas
Brillarán con luz propia,
Y ustedes, indolentes
No las podrán tocar!

Sucedió en un pueblito llamado
Casablanca

Lágrimas en la memoria

Tú, nuestra Torre…

Tantas noches de insomnio…
¡Tantas esperanzas rotas!

Un pequeño hermano en brazos,
Una madre que espera…

Una llovizna fría,
Un barco que no llega…

Escaleras gloriosas
Que en calor me acogieron,
En tantas noches tristes
En que la adversidad vencía.

Fuiste faro en las tinieblas
Y hoy añoranza y gloria,
¡Llenando con tus lágrimas
A todos, la memoria!

Última voluntad

El cofre dorado de la abuela parecía que me seguía con una sonrisa burlona. Se había convertido en parte de mí y como sagrada confesión, guardaba su secreto.

¡Era una maravillosa tarde del mes de mayo! Los rayos del sol penetraban a través del ventanal de la iglesia y lo cubrían con su manto, haciéndolo brillar intensamente como recordándome que el momento se acercaba en que al fin, después de mil peripecias, podría saber el contenido que abrazaba como perro guardián en su fondo.

Recordaba las palabras de la abuela cuando al ponerlo en mis manos con una delicadeza casi ritual, me dijo: —Hija, pongo en tus manos este cofre que contiene una joya muy singular que era de la madre de tu abuelo. Ha pasado de generación en generación y tu mamá ha decidido que como eres la nieta mayor te pertenece. Cuidarás de él y lo pasarás a quien más lo merite. Se hábil observadora del corazón de tus hijos y pásalo a manos del mayor cuando envejezcas, si es merecedor del mismo. El cofre tiene dos llaves que deberán usarse simultáneamente para abrirlo; una te la entrego a tí, la otra está en manos de un joven sacerdote que es el líder espiritual de la iglesia El Cuerpo de Cristo de Miami. Ambos deberán estar presentes para abrir el cofre. Esta es la última voluntad del abuelo,

* * *

que Dios tenga en su gloria, ya que contiene algo que a ese sacerdote le pertenece...

¡Vaya con el abuelo! La curiosidad hacía estragos en mi mente. Con todo respeto y sin hacer preguntas, deposité el cofre en el fondo de mi maletita y le di a mi abuela un beso en la frente, encaminándome con paso decidido hacia el carro de alquiler y un chofer que me esperaba con impaciencia.

—Hola ¡buenos días! —le dije saludándolo. —Al Aeropuerto de Rancho Boyeros, por favor.— En camino al aeropuerto, La Habana me pareció más triste que nunca...

Hacía sólo unos minutos que había llegado a Estados Unidos, pero me parecían una eternidad. Estaba agotada por el viaje y las tensiones sufridas antes de mi salida del país, pero la ansiedad por conocer el contenido del cofre era tanta que vine directamente del aeropuerto a la iglesia. El viaje había sido relativamente agradable, pero no pude concentrarme en otra cosa que no fuera el dichoso cofre dorado y la incógnita de tener que abrirlo en presencia del cura...

¡Tan absorta estaba en mis pensamientos que no me percaté de la presencia de una señora de aspecto dulce y gentil, que solícita me ofrecía un refrigerio!

—Si, gracias, un té me caería muy bien, —le dije.

Después de saborear un delicioso té de tila que calmó un poco mis nervios, oí una alegre voz que requería:

—Que pase la señorita, por favor.

Me encontré delante de un joven sacerdote de ojos profundos y nobles. Una calvicie incipiente me recordó la calva del abuelo. Bueno, una pura coincidencia, pensé. Se levantó presuroso y extendiendo su mano me dedicó una maravillosa sonrisa, la cual me pareció haber visto antes y como muy familiar, diría yo.

—-¿Tú eres María, verdad? Yo soy el padre Pepe. Desde que recibí la llave del cofre a través de la Embajada de España te he estado esperando. De seguro tienes muchas preguntas, como las tuve yo, pero antes ponte cómoda que tenemos mucho que platicar...

Pasaron horas, llegó la noche y seguíamos enfrascados en una franca y amistosa conversación en la que descubrí que aquel maravilloso hombre de Dios era mi primo, hijo del hijo primogénito del abuelo en su primer matrimonio. Su madre, antes de morir, lo puso en brazos de su hermana mayor que vivía en España y allí el chico se crió, separado del resto de la familia. Eso explica porqué nunca nos conocimos. El abuelo, en un acto de sabiduría y amor, quiso que nos conociéramos y estrecháramos los lazos familiares que por circunstancias no se habían estrechado antes y he aquí, que hoy compartamos el secreto del cofre.

—Bueno —me dijo Pepe con su sonrisa contagiosa. —¿Lo abrimos?— ¡Claro!— le contesté.

Como dos niños curiosos que abrían su regalo de Navidad, nos acercamos al resplandeciente cofre dorado que esperaba paciente encima de una mesita auxiliar que tenía el padre Pepe en la sacristía.

* * *

Introdujimos ambas llavecitas al mismo tiempo y ¡clic! ¡Como por arte de magia se levantó la tapa del cofre!

En su interior descansaban, abrazadas en el compás del tiempo, dos hermosísimas piezas de colección: La mía, un broche en forma de mariposa tallado en platino, circundado con finas esmeraldas. La de Pepe, un maravilloso reloj de oro macizo con las iniciales del abuelo. Ambas tenían notas que nos hicieron llorar y enlazados en fraternal abrazo, agradecimos a Jesús por permitir que a través de la genial y simbólica idea del abuelo, encontrásemos la verdadera joya que atesoraba el cofre: El amor familiar.

¿Qué quien de los dos conserva el cofre dorado? Bueno, como cenamos en familia todos los 24 de Diciembre, nos lo pasamos cada año uno al otro en espera del próximo heredero…

Fidel Castro

Panegírico de tu vida

Con el rosario en el cuello
Bajaste de la montaña
Tejiendo una telaraña
Al pueblo con tus mentiras.

Fuiste cruel en tu niñez
Feroz en tu juventud,
Y ya de adulto
Un siniestro y poco hombre sin luz.

Carisma dicen que tienes
Tus seguidores absurdos
¡Lo tenía Barrabas!
Que asesinaba sin más
Según nos cuenta la historia
¡Y tú no eres más que escoria
Con una mente muy sucia!

Valiéndote de tu astucia
Te erigiste en tirano
Para después ir a Rusia
Y vender a los cubanos.

Hoy, carcamal enclaustrado
En un negro corazón
...

* * *

...

¡No hablas de transición
Si no indignas sucesiones
Que a imagen de tu vileza
Traigan llena la cabeza
De horror y de paredones!

Algún día llegará
Que sí, se corrompa tu cuerpo
E igualitico al de un puerco
Se achicharre en un asado
Y saldrás de él agazapado
Como una rata sedienta,
¡A enfrentar al Creador
Que va a pedirte la cuenta!

¿Me compraría unos limones?

Me sentía sola y triste en mi cama de hospital. En inactividad absoluta por mi condición de salud, las horas se hacían interminables. La televisión no me ofrecía ningún entretenimiento, así es que decidí tratar de dormir, hasta que el maravilloso cirujano que me había salvado la vida, hiciera acto de presencia para revisar de nuevo mis heridas. Había sido víctima de un desafortunado accidente de tráfico y gracias a la pericia de este galeno, estaba disfrutando de la misma. No pude conciliar el sueño, así es que me puse a pensar y recordar lo que había sido mi existencia hasta el momento en que me enfrenté a la muerte ayer, en horas de la noche. Hice un recuento de mis acciones y me di cuenta que había hecho un sinnúmero de cosas buenas y malas pero que me quedaba un largo camino por recorrer y mucho más por hacer. Sonreí y comencé a delinear en el lienzo de mi mente múltiples planes para cuando saliese de aquel lugar.

Tan absorta estaba en mis pensamientos que, me asusté cuando una rolliza y simpática enfermera me sacó de los mismos:

—Señora Carmen— me dijo, prodigándome una dulce sonrisa. —Voy a cambiarle el suero, ¿no quiere tomarse un juguito? —¡Sí!— contesté rápidamente —¡Tengo mucha sed!— Observé como hacía su trabajo y me di cuenta que estaba ante una profesional magnífica.

Salió y al rato reapareció con dos cartoncitos de jugo. Ella misma me asistió y francamente, ¡fueron los jugos más deliciosos que había tomado en mi vida!

Al irse me dijo: —El doctor Rodríguez no tarda en venir a verla. ¡Ha sido usted muy afortunada de que él se encontrara de guardia, porque es uno de nuestros mejores cirujanos!

Era obvio el orgullo con que hablaba del doctor... ¡Gracias señor, por poner a ese hombre que todavía no conozco en mi camino, dije con voz queda. ¡Sí! Era muy afortunada pensé.

Dedicándome a disfrutar la grandiosidad del mar que se divisaba como pantalla panorámica desde el ventanal de mi cuarto, me acomodé con varias almohadas, colocando mi anatomía de espaldas a la puerta.

—¿Señora Carmen Ramos? — preguntó el portador de una voz cálida y varonil. —Yo soy el doctor Rodríguez. ¿Cómo se encuentra?

Con trabajo me volteé para mirarlo. Me encontré con un hombre que no tendría más de 40 años, alto y distinguido, que vestía una bata impecablemente blanca. Su piel oscura como el ébano resaltaba en atractivo contraste. Una hilera de dientes maravillosamente alineados, hacían de su sonrisa algo muy especial, pero lo que más me llamó la atención fueron sus ojos negros y profundos, con un brillo interior que me transmitía una gran confianza. ¿Dónde había visto yo antes esos ojos?

Con sonrisa gentil se acercó; pero de pronto, al observar mi rostro con detenimiento, aquellos ojos negros y profundos se llenaron de lágrimas. Yo no salía de mi asombro. ¿Qué le sucede a este médico? Pensé. ¿Me estaré muriendo y no me lo quiere decir? Se acercó más y entonces extendió sus manos, aprisionando las mías, yo diría que casi con devoción, y me preguntó: —Señora Carmen, ¿No me compraría usted unos limones?

¡Me dio un vuelco el corazón! ¡No podía creer a quien tenía frente a mí, y que fuera precisamente quien había salvado mi vida!

Hace casi cuatro décadas abandoné mi país por cuestiones políticas y nunca regresé. Me casé y formé una familia fuera del mismo, mas nunca pude olvidar a un pequeño de piel de ébano y ojos negros y profundos con el que entablaba conversación todos los sábados, cuando iba a la "Plaza" a comprar frutas y pescado. Ese encantador niño siempre me decía:

—Señora Carmen, cómpreme limones, por favor, que yo quiero ahorrar para algún día llegar a ser médico.

A mí me daba tanta gracia la ocurrencia del pequeño empresario, que siempre le compraba todos los que le quedaban en la cesta. ¡Eran tantos que semanalmente compartía con todos mis vecinos!

Hice esto por varios años hasta que por mi partida dejé de ver al chico. Nunca supe más de él, pero siempre lo recordaba en mis oraciones y le pedía al Señor que lo ayudara a alcanzar su sueño. Vislumbraba fibra de triunfador en aquella criatura… ¡Y no me equivoqué, porque aquí tenía delante de mí al doctor Esteban Rodríguez, un triunfador y mi Salvador!

* * *

Determinación

Niño de la calle
Dulce limonero,
En tus bellos ojos
Profundos y negros
Se deslumbra un río
Lleno de candor.

Aguas cristalinas
Que corren y juegan
Siguiendo su curso,
Bordeando riveras
Y regando amor.

¡Qué poquito tienes,
Y qué tanto me has dado!
Tus manitas sucias
Son dulces y fuertes,
Tu sonrisa franca…
Y la fortaleza
De tu joven mente,
Son dignos reflejos
De un gran corazón.

Yo quiero ser médico
Siempre tú me dices
¡Ayúdeme Doña!
Cómpreme limones
Que tengo un montón.

● ● ●

…
¿Para qué? Pregunto
Pensando en un juego
Con la criatura
Tan independiente.

¡Pues, para curar gente!
¡Para mitigar con fe
La pena y el dolor!

Lo miré profundo
Con detenimiento
Como descubriendo
La gota del rocío
En la hermosa flor.

Mi pequeño niño
Le dije muy quedo.
Mi gran empresario,
Tú, en tu inocencia
Eres un gran sabio…

¡Llegarás muy lejos,
Porque tu camino
Seguirá el mandato
Trazado por Dios!

¡Justicia!

Siento nostalgia de ti,
De la tibieza de tu sol
Sobre mi cuerpo,
De la nitidez
Del agua de tus ríos,
De la esbeltez de tus cañas
¡Y de tus entrañas fértiles
Llenas de verdor!

¡Tenían que destruirte!
¡Tenían que dilapidar
La esencia de tu triunfo!
Triunfo que osaste obtener
Con laboriosidad e ingenio
Y la riqueza
De una tierra bendecida.

Entre tus mobles surcos
Había malas semillas
Que germinaron
Al clarín de la envidia,
Hábilmente agazapada.

Tú hermano mayor te abandona
Siendo tu desamparo
Una aplastante realidad.
¡La mentira se desborda,
Y tus calles, lastimosas
Se tiñen de rojo!

● ● ●

¡Infelices
Aquellos que te vendieron!
¡Infelices aquellos
Que canjearon tus hijos
Por una lata de leche
O una compota maldita!
Hace tiempo
Que nutren el gusano…

Hoy germinan de nuevo
Malas semillas en el surco
Uniéndose a otros
Para compartir
La rapiña del festín.
Pero también hay buenas
Que traerán la luz
A tu adolorido corazón.

¡Hay cubanos
De todos los colores,
Formando en las prisiones
Un arcoíris de hidalguía!

¡Un coro de voces frescas
Sale al paso
De la bajeza y la ruindad!

¡Mujeres valientes
Vestidas de blanco
Toman el machete
Del honor Mariano
Con la Grajales al frente,

* * *

Liderando
El banderín de la nobleza!

No desmayes
Mi adorada Cuba
¡Porque muy pronto,
Hermosa y triunfal
Resurgirás
Entre las cenizas de tus hijos,
Y volverás a tomar
El cimero lugar
Que te corresponde
En el mundo!

Entonces…
La historia
Pedirá cuentas a aquellos
Que vendieron
Tu luz y tu aroma
A potencias extranjeras.

Pedirá cuentas
A ciegos y a sordos
Pero sobre todo
Pedirá cuentas
¡A aquellos hombres libres
Que cobardemente
Sirvieron tus hijos
En bandeja de plata al enemigo
En pro de que tú
No lograras
La ansiada libertad!

Mis recuerdos

En penumbras,
Cuando elevo la tristeza del recuerdo
Me subyuga,
La tibieza de las risas de otros tiempos.
Dolorosa,
Mordedura de separación dantesca
Arrasando,
Con lo íntimo del más puro sentimiento.
En la vida,
Lucha el malo por destruir el bueno
Es historia,
Que se valen de los siempre pobres ciegos.
Un bello día,
La justicia iluminará el cerro
Y podremos,
Recuperar sonrisas de otros tiempos.
Reuniremos,
Corazones separados en destierro
Avivando,
La llama de los más puros sentimientos
Generando,
Calor, en el corazón del hombre malo
Y la luz,
A los ojos de los ciegos.
Entonces Yo,
¡Llenaré de alegría todos mis recuerdos!

* * *

Quisiera, ¡Oh, Madre Naturaleza!

¡Madre de todos,
Creación divina
Que nos rodeas
De la majestuosidad
De tu belleza!

Quisiera tener alas
Y llegar tan alto
Que alcanzara en mi vuelo
La montaña.

Quisiera ir tan lejos
Que recorriera los valles
Verdes y fértiles
De tu creación.

Quisiera nadar tan profundo,
Que tus océanos
Llenos de misterio y vida
Me acogieran.

Quisiera ser tan pequeña
Como un colibrí,
Tan grande
Como un elefante,
Tan libre

…
Como un águila en su vuelo,
Tan alegre
Como un ruiseñor en su canto,
Tan fuerte como un león,
Y tan dulce
Como una leona parida
A sus cachorros.

Quisiera poseer
El embrujo del majestuoso arco iris,
Que, ofreciendo a todos
El éxtasis del color,
Crea el paraíso sublime
En que disfruta la flor.

Quisiera irradiar
La tibieza del Astro Supremo
Para calentar la semilla
Y dar vida a la cosecha.

Quisiera poseer
La frescura de la luna,
La majestuosidad
De un cristalino río
Y de un manantial
Entre las rocas,
Corriendo
En juguetón capricho.

Quisiera ser flor,
¡Cualquiera de las miles

...

Que hermosean
Campos y jardines,
Y que en sinfonía armoniosa
Brindan al Planeta
Pentagramas de gracia!
Quisiera ser abeja
Para libar su néctar...

Quisiera ser brisa
Y refrescar la tierra,
Ser nieve
Y cubrirla de blancura,
Ser lluvia, e hidratar
Los campos y veredas;
Ser fruta y alimentar especies.

Quisiera ser pincel
Y en complicidad con la musa,
Inspirarme en tu entorno
Y hablarle al mundo
De tu cielo.

Pero abrazo con vehemencia
Quien soy.
Soy quien descubre y más disfruta tus dones,
Indiscutible parte de ti.
Soy hombre,
Soy mujer,
¡Máxima creación del Padre
Integrada a tu grandeza!

¡Oh, Madre Naturaleza!

Tu regalo es pródigo
Pero me intimidas a veces
Con tu furia,
Cuando nos fustigas
Con tu látigo implacable
Demostrando al hombre
En su ceguera,
¡La ira y el poder del Señor!

Sé que soy
Un punto en el espacio
Que admira
Todo lo creado,
Y junto a todas las especies
¡Por ti, hija de Dios,
Me siento amado!

Crecemos y multiplicamos
Siendo alimentados
Por tu fértil tierra.
¡Bendita Seas!
¡Oh, poderosa!
¡Oh, magnífica!
¡Suprema Obra de Dios!

¡Oh, Madre Naturaleza!

Poema ganador
Primer concurso Latinoamericano 2011
D'Har Services

Agradecimiento

Quiero dar gracias a Dios por permitir que la musa disfrute del libre albedrío en mi mente. A la editorial D'har Services y su gentil directora Edilma Ángel por su dedicación y profesionalismo; a mi hija Gisselle, porque gracias a su valiosa cooperación he podido llevar a feliz término esta empresa, y a mi hija Yleem y mi yerno Jason por su experiencia y guía.

Finalizo dando las gracias al Doctor Enrique Ros, este maravilloso escritor e historiador cubano, que ha vestido de gala mi trabajo al estampar su firma en el prólogo del mismo.